BEI GRIN MACHT SICH IHR WISSEN BEZAHLT

- Wir veröffentlichen Ihre Hausarbeit,
  Bachelor- und Masterarbeit

- Ihr eigenes eBook und Buch -
  weltweit in allen wichtigen Shops

- Verdienen Sie an jedem Verkauf

Jetzt bei www.GRIN.com hochladen
und kostenlos publizieren

Jennifer-Ann Cockburn

Das Vater-Tochter-Verhältnis in Schillers "Kabale und Liebe" und Lessings „Emilia Galotti"

GRIN Verlag

Bibliografische Information der Deutschen Nationalbibliothek:

Die Deutsche Bibliothek verzeichnet diese Publikation in der Deutschen National-
bibliografie; detaillierte bibliografische Daten sind im Internet über http://dnb.d-
nb.de/ abrufbar.

Impressum:

Copyright © 2014 GRIN Verlag GmbH
Druck und Bindung: Books on Demand GmbH, Norderstedt Germany
ISBN: 978-3-656-82884-6

Dieses Buch bei GRIN:

http://www.grin.com/de/e-book/283252/das-vater-tochter-verhaeltnis-in-schillers-
kabale-und-liebe-und-lessings

GRIN - Your knowledge has value

Der GRIN Verlag publiziert seit 1998 wissenschaftliche Arbeiten von Studenten, Hochschullehrern und anderen Akademikern als eBook und gedrucktes Buch. Die Verlagswebsite www.grin.com ist die ideale Plattform zur Veröffentlichung von Hausarbeiten, Abschlussarbeiten, wissenschaftlichen Aufsätzen, Dissertationen und Fachbüchern.

Besuchen Sie uns im Internet:

http://www.grin.com/

http://www.facebook.com/grincom

http://www.twitter.com/grin_com

Inhaltsverzeichnis

1. Einleitung

„ Das Werk lebt."[1]

Die vorliegende Hausarbeit thematisiert die Vater-Tochter Beziehung sowie das „Scheitern" am Dramenschluss der weiblichen Hauptcharaktere: Luise Miller, in Friedrich Schillers Bürgerlichem Trauerspiel „Kabale und Liebe" (1784) und Emilia Galotti, in Gotthold Ephraim Lessings gleichnamigem Drama „Emilia Galotti" (1772).

Die Hausarbeit gliedert sich in 6 Teile. Im Fokus steht hier Luises und Emilias Aktivität und Passivität innerhalb ihrer Vater-Tochter-Beziehungen und deren, auch aus den Vater-Tochter Verhältnissen, resultierenden Tode. Zu Beginn wird eine kurze Klärung des terminologischen Begriffs des „Bürgerlichen Trauerspiels" angeführt, um im Anschluss eine ebenfalls kurze Zusammenfassung über die Liebe und Familie der Frauen im 18.Jahrhundert zu geben. Diese Informationen sollen als Hintergrundinformationen dienen, um letztlich auf die Bearbeitung des Themas, dieser Hausarbeit, hinzuarbeiten. Eine Basis der Überlegungen bieten die Dramen „Kabale und Liebe" und „Emilia Galotti". Hierzu wird zunächst das Verhältnis zu den Vätern der Mädchen und im Anschluss ihr jeweiliges „Scheitern" und Sterben am Ende der Dramen analysiert. Im darauf Folgenden wird ein Vergleich der beiden Mädchen in Hinblick auf das Thema der Hausarbeit gezogen, um schließlich zu einem schlüssigen Fazit und Ergebnis dieser zu kommen.

---

[1] Schiller, Friedrich in der Thalia-Vorrede zum Don Karlos, 1785.

2. Bürgerliches Trauerspiel

Der erste Teil dieser Hausarbeit widmet sich der terminologischen Klärung des Begriffs, des „Bürgerlichen Trauerspiels". Man darf in Bezug auf diese Klärung jedoch nicht außer acht lassen, dass dieses umfangreiche Thema hier nur am Rande behandelt werden kann.

Sowohl „*Emilia Galotti*" (1772) von Gotthold Ephraim Lessing als auch „*Kabale und Liebe*" (1784) von Friedrich Schiller sind bürgerliche Trauerspiele. „Das „Bürgerliche Trauerspiel" ist eine dramatische Gattung des 18. Jahrhunderts, in der Personen des Mittelstandes und familiäre Konflikte zumeist empfindsam dargestellt werden."[2] „*Miss Sara Sampson*" (1755) von Gotthold .E. Lessing ist das erste deutsche bürgerliche Trauerspiel. „Bürgerliche Tugenden und Moralvorstellungen werden propagiert und empfindsame Familienszenen breit ausgemalt."[3] Die Kombination von Mitleid und Abschreckung, auf Grund der poetischen Gerechtigkeit, nämlich dadurch, dass die Tugend belohnt und das Laster bestraft wird, bezeugt die eigentliche Wirkung des „Bürgerlichen Trauerspiels".[4]

3. Liebe und Familie der Frauen im 18. Jahrhundert

Im Folgenden dient ein Überblick über das Leben der Frau im 18. Jahrhundert - und dort speziell die Frau in der Ehe und Familie- für die nachfolgenden Ausführungen als Hintergrundinformationen. Man darf ebenfalls, auch in Bezug auf dieses Thema nicht außer acht lassen, dass es nur am Rande behandelt werden kann.

Im 18. Jahrhundert diente die Ehe lediglich zum wirtschaftlichen Zweckverbund, wobei es nicht wichtig war, ob die Eheleute sich liebten oder eine sexuelle Harmonie unter diesen bestand. Die Frauen und Mädchen hatten zur Aufgabe, das Haus zu hüten, zu nähen, zu

---

[2] Metzler, J.B.: Bürgerliches Trauerspiel. In: Metzler Lexikon Literatur, Bd. 3, Stuttgart 2007, S. 109.
[3] Ebd.
[4] Vgl. ebd.

spinnen, zu flicken, zu putzen und zu kochen.[5] Darüber hinaus wurde ein Mädchen „fürs erste von der Natur zur Duldung und zum Gehorsam bestimmt."[6] Die Mädchen wurden von ihren Eltern verheiratet und hatten diesen Folge zu leisten, da sie „nie ohne häusliche Obrigkeit"[7] sein sollten, was sich sowohl durch das Elternhaus als auch durch die bevorstehende Ehe nicht ändern sollte. Die Eltern sorgten auch dafür, dass die Mädchen Geduld, Sanftmut und Nachgiebigkeit erlernten, da dies für eine spätere Ehe von Wichtigkeit war.[8]

4. Die Familie und „das Ende" der Töchter

Das folgende Kapitel widmet sich der Analyse des Vater-Tochter Verhältnisses in den Dramen „*Kabale und Liebe*" und „*Emilia Galotti*" im Hinblick auf die weiblichen Hauptcharaktere *Luise* und *Emilia*. Daran anschließend wird der Tod der Töchter am jeweiligen Dramenschluss skizziert. Dies dient schließlich, daran anknüpfend, zum Vergleich der beiden Mädchen innerhalb der Beziehungen sowie dem Vergleich ihrer beiden Tode.

4.1. Luise und die Beziehung zu Vater Miller

„Der Inhalt des Stücks ist kurz dieser: ein Präsident will seinen Sohn an die Mätresse seines Fürsten verkuppeln, um dadurch seinen Einfluss bei Hofe zu erhalten, das ist die Kabale. Der Sohn des Präsidenten hat sich in eine Geigerstochter vergafft, das ist die Liebe. Zuletzt vergiftet er sich selbst zugleich mit dieser Geigerstochter, das ist denn die vollständige Tragödie."[9]

Luise Miller ist die Bürgerstochter des Geigers Miller. Sie leben zusammen mit Frau Miller, Luises Mutter, in einem Haus, in welchem

---

[5] Vgl. Van Dülmen, Andrea: Frauen Leben im 18.Jahrhundert. München 1992, S.35.
[6] Ebd. S.39.
[7] Ebd. S.39.
[8] Vgl. ebd. S.39.
[9] Hempel, Britta: Sara, Emilia, Luise: Drei tugendhafte Töchter. Das empfindsame Patriarchat im bürgerlichen Trauerspiel bei Lessing und Schiller. Heidelberg 2006, S.86.

das Drama „Kabale und Liebe" seinen Anfang findet und den Leser zuerst mit dem familiären Kreis der Familie Miller vertraut macht. Bereits in 1.3 des Stückes wird deutlich, dass Miller und seine Tochter ein gutes Verhältnis zueinander pflegen. Vater Miller will seine Tochter vor einem „Verehrer" schützen und heißt die „Beziehung" zwischen Ferdinand und Luise nicht gut.

Luise „drückt ihm die Hand"[10] und begrüßt ihn mit den Worten: „Guten morgen, lieber Vater."[11] Diese Geste und diese Worte verdeutlichen das liebevolle Verhältnis der beiden, welches kurz darauf allerdings durch Luises Liebesgeständnis unterbrochen wird. „Ich hab keine Andacht mehr, Vater– der Himmel und Ferdinand reißen an meiner blutenden Seele."[12] Aus dieser Aussage lässt sich schließen, dass Luise Millers Vermittlung „göttlicher Wahrheit" angenommen hat.[13] „Dann, wenn die Schranken des Unterschieds einstürzen– wenn von uns abspringen all die verhasste Hülsen des Standes- Menschen nur Menschen sind[…]"[14], sagt Luise und erhofft sich für die Zukunft eine Beziehung mit Ferdinand auf Augenhöhe. Vater Miller reagiert auf Luises Liebesschwüre mit den Worten, dass er sich wünschte Luise wäre Ferdinand niemals begegnet und: „Eilt auf sie zu, drückt sie wider seine Brust [und sagt:] Luise– teures – herrliches Kind- Nimm meinen alten mürben Kopf- nimm alles- alles!– den Major- Gott ist mein Zeuge- ich kann dir ihn nimmer geben."[15] In 5.2 des Stückes zeigt sich, dass es besser gewesen wäre, wenn Luise auf die Bitte des Vaters gehört hätte, denn erst in dieser Szene realisiert Luise, dass ihr Vater sie nur schützen wollte.

„Nun– was erschreck ich denn? –Der alte Mann dort hat mirs ja oft gesagt– ich hab es ihm nie glauben wollen. (Pause. Dann wirft sie sich Millern laut weinend in den Arm.) Vater– Dein Kind kann ja nicht dafür, dass dieser Traum so schön war, und– so fürchterlich jetzt das Erwachen".[16]

---

[10] Schiller, Friedrich: Kabale und Liebe. Reclam Ausgabe. Stuttgart 2010, S.12 Z.19f.
[11] Ebd. S.12 Z.20.
[12] Ebd. S.12 Z.33ff.
[13] Vgl. Hempel, Britta: Drei tugendhafte Töchter. Heidelberg 2006, S.93.
[14] Schiller, Friedrich: Kabale und Liebe. Stuttgart 2010, S.14 Z.13ff.
[15] Ebd. S.14 Z.6ff.
[16] Ebd. S.45 Z.30ff.

Luise rettet sich nach diesem Gefühlschaos, in welchem sie erst glaubte die Liebe zu Ferdinand beruhe auf Gegenseitigkeit und in welchem sie die Bitten und Klagen des Vaters zu überhören versuchte, um schließlich zu realisieren, dass dieser doch recht behalten hatte, in dessen Arme. Miller, welcher sich daraufhin von seiner Tochter bestätigt fühlt, „lacht voll Bosheit"[17] und entgegnet: „Luise! Luise! –O Gott, sie ist von sich– Meine Tochter, mein armes Kind– Fluch über den Verführer!"[18] Und auch als Ferdinand das Haus der Familie Miller voreilig verlassen will, erklärt Miller, dass Luise, Ferdinand alles gab und nimmt sie an die eine Hand und den Major an die andere Hand.[19]

> „Geduld, Herr! Der Weg aus meinem Hause geht nur über diese da- Erwarte erst deinen Vater, wenn du kein Bube bist– Erzähl es ihm, wie du dich in ihr Herz stahlst, Betrüger, oder bei Gott! (Ihm seine Tochter zuschleudernd, wild und heftig) du sollst mir zuvor diesen wimmernden Wurm zertreten, den Liebe zu dir so zuschanden richtete."[20]

Miller möchte mit diesen Worten Ferdinand aufzeigen, wie sehr dieser seiner Tochter geschadet hat. Miller reagiert wie ein liebender Vater, der seiner verlassenen Tochter ein wenig „Gerechtigkeit" verschaffen möchte. Da nicht nur Miller, sondern auch die Leute des Hofes, vor allem der Vater Ferdinands und dessen Sekretär Wurm, ebenfalls etwas gegen die Liebe einzuwenden haben, entwickelt Wurm in 3.6 des Stückes eine Intrige. Dieser begreift, und damit ist er Ferdinand einen Schritt voraus, wie wichtig Vater Miller für Luise ist und nutzt diese Vater-Tochter Beziehung, um seine Intrige umzusetzen. Er zwingt Luise, einen erfundenen Liebesbrief an den Hofmarschall von Kalb zu schreiben, damit Ferdinand eifersüchtig wird, da dies in seinen Augen die einzige natürliche Möglichkeit ist, die beiden voneinander zu trennen, da alles andere sie nur noch stärker vereinen würde. Als Druckmittel droht er Luise mit dem Tod des gefangenen Vaters. „Das war noch übrig! Das! –freilich, freilich, mein Herz hatte

[17] Ebd. S.44 Z.23.
[18] Ebd. S.46 Z.1ff.
[19] Vgl. ebd. S.46 Z.21.
[20] Ebd. S.46 Z.22ff.

noch außer dem Major etwas Teures [...]."[21] Erneut werden das innige Verhältnis und die Bindung zum Vater spürbar. Luise fügt sich der Intrige, rettet so das Leben und die Beziehung zum Vater anstelle der Liebesbeziehung zu Ferdinand, die sie mit einem Liebesbrief und der damit einhergehenden bevorstehenden Eifersucht Ferdinands nun endgültig beendet. Dass Luise keinesfalls glücklich ist, sich von Ferdinand losgesagt zu haben, wird besonders in 5.1 des Stückes offenkundig, in welcher Luise ihrem Vater, von ihrem Plan erzählt. Dieser besteht aus dem Tod, welchen Luise sich selbst zufügen möchte und was sie auch von Ferdinand verlangt, um so wieder mit diesem vereint zu sein. Miller ist schockiert und versucht seine Tochter umzustimmen: „Höre, Luise, wenn du noch Platz für das Gefühl eines Vaters hast- Du warst mein Alles. Jetzt vertust du nicht mehr von deinem Eigentum [...] Wirst du dich mit dem Hab und Gut deines Vaters auf und davon machen?"[22] „Werden wir uns dort wohl noch finden? –Sieh! Wie du blass wirst! –Meine Luise begreift es von selbst, dass ich sie in jener Welt nicht wohl mehr einholen kann, weil ich nicht so früh dahin eile wie sie."[23] Dieser Satz bringt Luise zum nachdenken und seine „Zärtlichkeit"[24]bringt Luise schließlich dazu, dass sie von ihrem Vorhaben Abstand nimmt. Doch Miller „hält sie fester"[25] und „blickt sie eine Weile starr und durchdingend an, dann verlässt er sie schnell"[26] mit den Worten: „[...] Tu, was du willst. [...] Hier ist ein Messer– durchstich dein Herz, und [...] das Vaterherz!"[27] Seine Verzweiflung wird betont, indem er hinzufügt, dass, falls Ferdinand Luise wichtiger ist als der eigene Vater, sie sterben soll.[28] Luise realisiert die Schande und entscheidet sich erneut gegen die Liebe zu Ferdinand und für die Beziehung zu ihrem Vater. Die Freude darüber wird deutlich, als Miller, Luise „freudetrunken an den Hals"[29] fällt und sie mit den Worten beschwichtigt, dass sie zwar einen

---

[21] Ebd. S.68 Z.2ff.
[22] Ebd. S.98 Z.32ff.
[23] Ebd. S.99 Z.8ff.
[24] Ebd. S.100 Z.10.
[25] Ebd. S.99 Z.34.
[26] Ebd. S. 99 Z.34f.
[27] Ebd. S.100 Z.1ff.
[28] Vgl. ebd. S.100 Z.13f.
[29] Ebd. S.100 Z.21.

Liebhaber weniger habe, jedoch einen glücklichen Vater hat.[30]
Interessant ist, dass Vater Miller außerdem sagt: „O Gott! Ich verstehe
ja wenig vom Lieben, aber dass es eine Qual sein muss, aufzuhören-
so was begreif ich noch."[31] Es fällt auf, dass Vater Miller durchaus
nachvollziehen kann, dass es Luise nicht leicht gefallen ist, sich gegen
die Liebesbeziehung zu entscheiden. In der darauffolgenden Szene
kommt Ferdinand, ohne Vorwarnung, ins Haus der Millers. Luise
ahnt, dass dies nichts Gutes verheißen kann und „wirft sich Millern
laut schreiend um den Hals"[32] und „zeigt mit abgewandtem Gesicht
auf den Major und drückt sich fester an ihren Vater".[33] Nach einer
Auseinandersetzung mit Ferdinand, welcher seine Eifersucht nicht
verbergen kann, geht dieser, da er die Bestätigung Luises, dass sie den
Brief geschrieben hat, bekommen hat. Als Miller und Ferdinand eine
Szene später alleine sind, da Luise auf Ferdinands Wunsch hin eine
Limonade zubereitet, antwortet Miller auf Ferdinands Frage, ob Luise
alles sei, was er besäße,: „Habe sonst keins mehr, Baron- wünsch mir
auch keins mehr. Das Mädel ist just so recht, mein ganzes Vaterherz
einzustecken. Hab meine ganze Barschaft von Liebe an der Tochter
schon zugesetzt."[34] Erneut wird die Liebe Millers zu seiner Tochter
beschrieben. In 5.5 des Stückes bekommt Miller von Ferdinand Geld,
für die Zeit, in der er mit seiner Tochter zusammen gewesen ist. Miller
kann diesem vielen „Gold"[35] kaum glauben, nimmt das Geld aber
nach einigem Zögern trotzdem an. Hier wirkt Miller, ähnlich wie seine
Frau, die nur den sozialen Aufstieg in der Beziehung zwischen
Ferdinand und Luise erhoffte, berechenbar. Dass er das Gold
annimmt, spricht zum ersten Mal nicht mehr für eine gute Beziehung
zu seiner Tochter, sondern als hätte er ebenfalls Nutzen aus der kurzen
Liebschaft gezogen. Als eine Szene später Luise ihrem Vater anbietet,
für diesen, auf Ferdinands Verlangen, zu dessen Vater zu eilen, ahnt
Miller nicht, dass er damit -dass er Luise zurücklässt- ihrem Schicksal

---

[30] Vgl. ebd. S.100 Z.22f.
[31] Ebd. S.100 Z.27ff.
[32] Ebd. S.101 Z.10f.
[33] Ebd. S.101 Z.13f.
[34] Ebd. S.106 Z.21ff.
[35] Vgl. ebd. S.108 Z.35.

und somit ihrem Tod überlässt.[36] Als der Vater die nun schutzlose Tochter zurücklässt, vergiftet Ferdinand Luise. In der letzten Szene des Stücks werden noch einmal die Vatergefühle Millers verdeutlicht. Er macht sich Sorgen, da jemand von Gift gesprochen hat und Luise nicht aufzufinden ist.[37] Als er von Ferdinand in den Raum gelassen wird, indem Luise tot am Boden liegt, „fällt [Miller] an ihr zu Boden".[38] Nach einiger Zeit, in welcher er den Kopf in Luises Schoß versunken hatte und „in stummen Schmerzen gelegen hat"[39], steht er auf und „wirft dem Major die Börse vor die Füße"[40], mit den Worten: „Giftmischer! Behalt dein verfluchtes Gold! –Wolltest du mir mein Kind damit abkaufen?"[41] Hier erscheint Miller wieder als liebender Vater, dem das Leben seiner Tochter wichtiger ist als alles Geld dieser Welt.

Zusammengefasst lässt sich sagen, dass Luise und Miller eine innige Vater-Tochter Beziehung zueinander pflegen. Luise hat sich mehrfach gegen ihren Liebhaber und für ihren Vater entschieden. Auch Miller stand, bis auf den Vorfall mit dem Geld, wobei er sich am Ende gegen das Geld entschieden hat, immer hinter seiner Tochter und hat versucht diese zu beschützen.

4.2. Emilia und die Beziehung zu Vater Galotti

Anders als bei Kabale und Liebe wird der Leser nicht zu erst mit dem familiären Hintergrund der Emilia Galotti vertraut gemacht, sondern lernt den „außerfamiliärer Aggressor"[42] kennen und die wichtigen „Hintergrundinformationen über die sozial-politischen Bedingungen, unter denen sich das Geschehen abspielt."[43]

---

[36] Vgl. ebd. S.111 Z.27f.
[37] Ebd. S.120Z.1ff.
[38] Ebd. S.120 Z.11.
[39] Ebd. S. 121 Z.22f.
[40] Ebd. S.121 Z.23f.
[41] Ebd. S.121 Z.25f.
[42] Hempel, Britta: Drei tugendhafte Töchter. Heidelberg 2006, S.68.
[43] Ebd. S.68.

Die Familie Galotti lebt getrennt voneinander. Mutter und Tochter leben zusammen in einem Haus in der Stadt, der Vater hingegen fern der Stadt. „Von Anfang an wird Odoardo nicht nur als der liebende, sondern auch als der moralisch richtende Vater eingeführt."[44] Bereits in 2.2 des Stückes wird dies besonders deutlich. Odoardo stattet seiner Frau und seiner Tochter einen Überraschungsbesuch ab, bei welchem nur seine Frau anwesend ist, da sich Emilia bei der Messe befindet. Er führt im Folgenden ein Gespräch mit seiner Frau, bei welchem klar wird, dass er sich zum einen Sorgen um Emilia macht und sie zum anderen erziehen will, denn er sagt:„Sie bleibt mir zu lang aus".[45] Auffällig ist, dass er sich zwar im Anschluss um das Wohlergehen der Tochter sorgt und eine Heirat mit dem Grafen Appiani seiner Ansicht nach das Beste ist, was Emilia hätte passieren können, dass Emilia und Vater Odoardo allerdings erst in 5.7 des Stückes, somit in der vorletzten Szene des Dramas, das erste Mal auf der Bühne aufeinander treffen. Hier zeigt sich die „vollkommene Fügung der Tochterrolle, [die das] väterliche Ideal unreflektiert als eigenes übernimmt und ihm zu entsprechen versucht, [gegensätzlich zu] der Vorstellung von sittlicher Autonomie."[46] Als Emilia den Dolch des Vaters erblickt, bittet sie ihn, den Dolch ihr zu überlassen. Der Vater entgegnet: „Besinne dich. –Auch du hast nur Ein Leben zu verlieren."[47] Daraufhin sagt Emilia, dass sie auch nur „eine Unschuld" habe und dass „die Verführung die wahre Gewalt" sei.[48] Hier wird betont, dass sie ihrem Vater und dessen Tugendideal entsprechen möchte und sie keinen anderen Ausweg sieht als ihren Tod. Der Vater rettet sie dessen ungeachtet in letzter Sekunde vor dem Tod, worauf Emilia ihn nötigt sie zu erstechen, um sie vor Verführung zu bewahren[49] und Odoardo wird letztlich „zum Werkzeug von Emilias Entschlossenheit".[50] Somit

---

[44] Kopfermann, Thomas: Bürgerliches Selbstverständnis. Jakob Michael Reinhold Lenz: Der Hofmeister. Gotthold Ephraim Lessing: Emilia Galotti. Friedrich Schiller: Kabale Und Liebe. Stuttgart 1988.
[45] Lessing, Gotthold E.: Emilia Galotti. Stuttgart 2001, S.24 Z.31.
[46] Ebd. S.45f.
[47] Lessing, Gotthold E.: Emilia Galotti. Stuttgart 2001, S.85 Z.15f.
[48] Ebd. S.85 Z.22, Z.26.
[49] Hempel, Britta: Drei tugendhafte Töchter. Heidelberg 2006, S.81.
[50] Ebd. S.81.

klagt Emilia mit allen Mitteln ihre Vaterrolle bei Odoardo ein.[51] Als dieser sie mit dem Dolch durchsticht äußert sie: „Eine Rose gebrochen, ehe der Sturm sie entblättert. –Lassen sie mich sie küssen, diese väterliche Hand."[52] Damit versucht sie dem Vater zu erklären, dass er seine Tochter vor schlimmerem, hier der Verführung, gerettet hat. In der letzten Szene des Dramas kommt der Prinz hinzu und sieht Emilia sterben. Er fragt den Vater, was dieser getan hat und es folgt ein kurzer Dialog zwischen Emilia und ihrem Vater, bevor sie schließlich stirbt.

> „**Odoardo.** Eine Rose gebrochen, ehe der Sturm sie entblättert. –War es nicht so, meine Tochter? **Emilia.** Nicht Sie, mein Vater –Ich selbst- ich selbst- **Odoardo.** Nicht du, meine Tochter; -nicht du! –Gehe mit keiner Unwahrheit aus der Welt. Nicht du, meine Tochter! Dein Vater, dein unglücklicher Vater! **Emilia.** Ah – mein Vater- (Sie stirbt, und er legt sie sanft auf den Boden.)"[53]

In diesem kurzen Dialog kurz vor Emilias Tod wird spürbar, dass der Vater die Schuld von Emilia nehmen möchte und begreift, was er getan hat. Emilia möchte ebenfalls die Schuld von ihrem Vater nehmen und stirbt jedoch ohne sich noch einmal äußern zu können. Die innige Verbindung der beiden, wird hier am deutlichsten veranschaulicht.

Zusammenfassend versucht Emilia grundsätzlich die Tochterrolle, die ihr Vater für sie vorgesehen hat zu erfüllen und weiß schließlich jedoch keinen anderen Ausweg mehr als den eigenen Tod, um sich vor der Verführung zu retten und somit tugendhaft zu sein.

> „Zum einen zeigt sie das volle destruktive Potential der Moralvorstellung, die Tugend in Gestalt von töchterlicher Keuschheit höher bewertet als Leben. Zum anderen verhängt sie ein Todesurteil über sich, zeigt die Stärke, den eigenen Vater zur Tötung der Tochter zu provozieren, obwohl der Grund, der diese Selbstüberwindung notwendig macht, in ihrer Schwachheit und moralischen Anfälligkeit als vaterlose Tochter liegen soll. So widersprüchlich das Ergebnis von Emilias Überzeugungen wirkt, ist es dennoch die logische Konsequenz

---

[51] Ebd. S.81.
[52] Lessing, Gotthold E.: Emilia Galotti. Stuttgart 2001, S.86 Z.27f.
[53] Ebd. S.87 Z.5ff.

ihres Vaterbildes und ihres Selbstverständnisses als Tochter und der Werte und Normen, über die sich Odoardo und Emilia einig sind."[54]

Hieraus ergibt sich, dass Emilia „nicht Opfer einer unkontrollierbaren Sinnlichkeit, sondern der eigenen Unmündigkeit" wird.[55] Odoardo ist nicht nur der moralisch richtende, sondern auch der liebende Vater, was vor allem am Ende des Stückes durch seine Ermordung der eigenen Tochter deutlich wird.[56] Das Verhältnis der beiden ist nicht so innig und familiär, wie das von Luise zu ihrem Vater und bringt dieser seine Tochter Luise am Ende auch nicht um. Dennoch lassen sich einige Parallelen ziehen, denn beide Töchter entscheiden sich am Ende für die Beziehungen zu ihren Vätern und beide sterben am Ende der Dramen auf tragische Weise.

5. Die Selbstmorde und der Vatermord

Weiterhin wird ein Vergleich der beiden Tode, *Luises* und *Emilias* in Bezug zu ihren Vater-Tochter- Beziehungen angeführt, die im Vordergrund des jeweiligen Dramas stehen. Damit wird letztendlich eine Annäherung an das Ergebnis dieser Hausarbeit bezweckt, um im Anschluss zu einem schlüssigen Fazit zu gelangen.

In beiden Dramen ist eine starke Bindung der Töchter zu ihren Vätern unübersehbar. Beide Väter wollen ihre Töchter zu tugendhaften Mädchen erziehen. Miller möchte Luise, im Gegensatz zu Odoardo, Emilia, die freie Wahl eines Mannes geben. Hier möchte er lediglich, dass sie tugendhaft und vernünftig entscheidet. Ferdinand ist in seinen Augen keine tugendhafte Wahl. Luise ist somit hin und her gerissen zwischen der Liebe zu Ferdinand und der Liebe zu ihrem Vater. Nachdem Wurm und Ferdinands Vater eine Intrige spinnen, in welcher sie die Beziehung Luises zu Ferdinand ebenfalls auseinander bringen wollen, willigt Luise in diese ein, da sie keinen anderen Ausweg sieht. Wurm und der Präsident drohen mit dem Leben ihres

---

[54] Hempel, Britta: Drei tugenhafte Töchter. Heidelberg 2006, S.82.
[55] Ebd. S.83.
[56] Vgl. Kopfermann, Thomas: Bürgerliches Selbstverständnis. Stuttgart 1988.

Vaters. Als Luise sich gegen Ferdinand entscheidet, schmiedet sie in 5.1 des Stückes selber einen Plan. Dieser Plan besteht aus ihrem Selbstmord und dem Tod Ferdinands, damit beide im „Jenseits" wieder vereint sind und eine Beziehung ohne Schranken und Gesetze führen können. Dieser Selbstmord scheitert aber, als Vater Miller von diesem erfährt und Luise ins Gewissen redet. Als ihr klar wird, dass ihr Vater sie ins „Jenseits" nicht begleiten kann, und seine Zärtlichkeit sie schließlich nachdenklich stimmt, entscheidet sie sich wiederholt für ihren Vater. Diese Ausweglosigkeit spiegelt sich auch bei Emilia wieder, welche ihrem Vater eine tugendhafte Tochter sein will. Aus Angst vor der Verführung durch den Prinzen weiß sie keinen anderen Ausweg, dem Vater und dessen Vorstellungen gerecht zu werden als sich umzubringen. Doch auch als Emilia dies versucht, unterbricht Vater Galotti ihren Selbstmord und rettet sie zunächst genau wie Vater Miller, Luise. Bei beiden Mädchen scheint es zum Teil als würde „Die Sprache des Verstandes, die Sprache des Herzens ablösen."[57] Zum einen fällt auf, dass sie ihre Väter lieben, wobei es bei Emilia den Anschein erweckt als stände das Erfüllen des Tochter-Ideals im Vordergrund, denn letztlich ist sie von dem Prinzen durchaus fasziniert. Und dass sie dessen Annäherungsversuche „als Chance zum Ausbruch aus den ihr vorgesteckten Bahnen familiärer Tugend, […] begreift, ist wohl nur menschlich."[58] Hier siegt jedoch am Ende der Verstand und nicht das Herz. „Plötzlich stilisiert sich ein junges Mädchen, das bislang als Muster an Tugend, Unschuld und Frömmigkeit auftrat, zum warmblütigen Opfer der eigenen, unkontrollierbaren Sinnlichkeit."[59] Luises Selbstmord hingegen wird eher durch ihr Herz als ihren Verstand im letzten Moment verhindert. Sie liebt den Vater und möchte nicht ohne diesen sein. Beide Mädchen befinden sich in einer für sie verzweifelten Lage und kommen letzten Endes durch eine andere Hand um.

---

[57] Kopfermann, Thomas: Bürgerliches Selbstverständnis. Stuttgart 1988.
[58] Hempel, Britta: Drei tugendhafte Töchter. Heidelberg 2006, S.71.
[59] Ebd. S.79.

Interessant ist, dass Luise durch Ferdinand umkommt, da dieser sie vor lauter Eifersucht vergiftet. Vater Miller kann seine Tochter nicht schützen und ahnt nichts von Ferdinands Vorhaben. Vater und Tochter haben nicht die Möglichkeit sich voneinander zu verabschieden oder in Frieden voneinander zu gehen. Luise ahnt ebenfalls nichts von dem Vorhaben Ferdinands und stirbt eines tragischen Todes, in welchem sie letztlich doch vom Vater getrennt wird und ihr vermeintliches Vorhaben, Ferdinand im Jenseits wieder zu treffen, am Ende tatsächlich eintritt. Im Gegensatz hierzu steht Emilia, welche ihren Tod durch den Vater wünscht. Sie bittet ihn, sie zu töten und ahnt somit, was auf sie zu kommt. Vater Odoardo fühlt sich verpflichtet, seine Tochter zu erlösen und erfüllt ihr schließlich am Ende des Dramas diesen Wunsch. Beide wissen, worauf sie sich einlassen und durchtrennen das Band der Vater-Tochter Beziehung. Anders als bei Luise und ihrem Vater söhnen sie sich kurz vor Emilias Tod aus, indem jeder der beiden versucht, die Schuld des jeweils anderen auf sich zu nehmen. So entsteht ein „glückliches" Ende im Tod.

Alles in allem lässt sich zusammenfassen, dass beide Mädchen die Planung des Selbstmords, da sie keinen anderen Ausweg in ihrer jeweiligen Situation sehen, verbindet. Eine weitere Gemeinsamkeit ist die Tatsache, dass ihre Väter ihren Selbstmord in letzter Sekunde verhindern können und die Liebe und der Verstand am Ende des versuchten Selbstmords siegen. Ein großer Unterschied der beiden Mädchen ist jedoch ihr tatsächlicher Tod am Ende der Dramen. Luise wird Opfer ihres Liebhabers, welcher sie aus Eifersucht tötet und sie letztlich von ihrem Vater trennt. Emilia hingegen ist Opfer des Vatermordes, den sie jedoch selbst gewählt hat und hat die Chance die Vater-Tochter Bindung friedlich zu durchbrechen, da sie sich von ihrem Vater „verabschieden" kann.

6. Fazit

Zielsetzung der folgenden Arbeit war, die Beziehung Luises und Emilias zu ihren Vätern herauszuarbeiten und zu analysieren, sowie deren Tode zu skizzieren. Als Leitfrage diente hier die Frage, inwieweit Luise und Emilia „liebende" und „tugendhafte" Töchter im Umgang mit ihren Vätern sind und inwieweit dies mit der „Schuld" ihres Todes zusammenhängt.

Am Ende dieser Arbeit stellt sich heraus, dass sowohl Luise, als auch Emilia zwei liebende Töchter sind, welche eine enge Beziehung zu ihren Vätern pflegen. Luises Tugendhaftigkeit zeigt sich vor allem darin, dass sie sich immer wieder für ihren Vater entscheidet und gegen die Liebe, um ihre Tugend zu bewahren, da ihr Vater ihren Geliebten nicht als diesen akzeptiert. Emilias Tugendhaftigkeit zeigt sich vor allem darin, dass sie sich am Ende, um den Erwartungen des Vaters zu entsprechen, von diesem umbringen lässt, um der Verführung durch den Prinzen zu entgehen und somit „tugendhaft" zu sein. „Insofern ist Emilia Galotti weniger die empfindsame Tragödie der Titelheldin als die politische Tragödie des von ihrem Vater vertretenen Gesellschaftsbildes."[60] Beide Mädchen befinden sich in einer verzweifelten Lage, in welcher sie keinen Ausweg sehen, als ihren Tod, der in beiden Fällen am Ende schließlich, durch sowohl den Geliebten als auch den Vater, eintritt.

Auffällig bei den Schicksalen Luises und Emilias ist, dass sich die Väter gegen die Liebe gestellt haben und dass sowohl Luise, als auch Emilia innerhalb der Dramen die Zentralfiguren darstellen, das „passive Zentrum, in dem die Aktionen der anderen zusammentreffen."[61] In „Kabale und Liebe" sind die Konflikte zwischen Miller und seiner Tochter, Ferdinand und Miller, dem Präsidenten und Ferdinand, der Lady Milford, Ferdinand und Luise

---

[60] Seeba, Hinrich C.: Die Liebe zur Sache. Öffentliches und privates Interesse in Lessings Dramen. Tübingen 1973, S.97.
[61] Bonn, Kristina: Vom Schönen. Bielefeld 2008, S.64.

und die Intrige des Sekretär Wurms, gegeben. Diese Konflikte, welche für das Liebesmotiv den Handlungsanstoß geben, bilden somit die Kabale und sind letztlich verantwortlich für das Scheitern Luises.[62] Emilia hingegen, ist „das Opfer der Annäherungsversuche des Prinzen in der Kirche, gehorsames Opfer des Verheimlichungsversuchs, Opfer des Überfalls, Opfer schließlich des väterlichen Mörders."[63] Es sind also nicht die Mädchen an ihrem „Scheitern" Schuld, da sie nicht tugendhaft gehandelt haben, sondern sie wurden Opfer der verschiedenen Beziehungen und Erwartungen zwischen den Personen in den jeweiligen Dramen. Dieses Zusammenspiel aller, welches sich vor allem auf die Mädchen projizierte, ergab letzten Endes das „Scheitern" Luises und Emilias.

Abschließend lässt sich sagen, dass das „rührende" Schicksal Emilias, welches durch einen allgemein-menschlichen Konflikt anrührend ist[64] und die tragische Wirkung der Motive: „Eifersucht, Misstrauen, Rivalitätsferne, Unvernunft, Egoismus, sittlicher Hybris, die ins Unsittliche bis zum Verbrechen führt"[65] in Kabale und Liebe aus den Dramen „Bürgerliche Trauerspiele" machen. Schiller und Lessing haben beide Dramen inhaltlich ähnlich gestaltet und gekonnt, die Ideen des Bürgerlichen Trauerspiels -anhand der Hauptcharaktere Luise und Emilia- umgesetzt.

---

[62] Vgl. ebd. S.28.
[63] Bonn, Kristina: Vom Schönen. Bielefeld 2008, S.64.
[64] Vgl. Hempel, Britta: Drei tugendhafte Töchter. Heidelberg 2006, S.84.
[65] Funke, Fritz: Die Liebe als dramaturgisches Motiv. Leipzig 2007, S.33.

7. Literaturverzeichnis

● Bonn, Kristina: Vom Schönen. Schönheitskonzeptionen bei Lessing, Goethe und Schiller. Bielefeld 2008.

● Funke, Fritz: Die Liebe als dramaturgisches Motiv in Schillers Dramen. Leipzig 2007.

● Hempel, Britta: Sara, Emilia, Luise: drei tugendhafte Töchter. Das empfindsame Patriarchat im bürgerlichen Trauerspiel bei Lessing und Schiller. Heidelberg 2006

● Kiermeiser-Debre, Joseph: Schillers Frauen. München 2009.

● Kopfermann, Thomas: Bürgerliches Selbstverständnis. Jakob Michael Reinhold Lenz: Der Hofmeister. Gotthold Ephraim Lessing: Emilia Galotti. Friedrich Schiller: Kabale und Liebe. Stuttgart 1988.

● Lessing, Gotthold E.: Emilia Galotti. Reclam Ausgabe. Stuttgart 2001.

● Luserke-Jaqui, Matthias: Schiller Handbuch. Leben-Werk-Wirkung. Stuttgart 2011.

● Metzler, J.B.: Bürgerliches Trauerspiel. In: Metzler Lexikon Literatur, Bd. 3, Stuttgart 2007, S. 109.

● Prutti, Brigitte: Bild und Körper. Weibliche Präsenz und Geschlechterbeziehungen in Lessings Dramen Emilia Galotti und Minna von Barnhelm. Würzburg 1996.

● Schiller, Friedrich: Kabale und Liebe. Reclam Ausgabe. Stuttgart 2001.

● Seeba, Hinrich C.: Die Liebe zur Sache. Öffentliches und privates Interesse in Lessings Dramen. Tübingen 1973.

● Van Dülmen, Andrea: Frauen Leben im 18.Jahrhundert. München 1992.